INHALTS-VERZEICHNIS

GRUNDLAGEN

HEFETEIG

FÜR 1 SPRINGFORM (Ø 26 CM) ODER 1 BACKBLECH

- 500 g Mehl (Type 405)
- 25 g Hefe
- 60 g Zucker
- 250 ml Milch
- Salz
- 1 Ei (Größe M)
- 60 g weiche Butter

SO GEHT'S

1 Das Mehl in eine Schüssel geben und eine Mulde formen. Die Hefe hineinbröseln und etwas Zucker darübergeben. Die Milch in einem Topf auf maximal 37 °C erwärmen und ein wenig davon über die Hefe gießen. Vorsichtig so lange mit einem dünnen Stäbchen verrühren, bis sich die Hefe auflöst. Diesen Vorteig etwa 15 Minuten zugedeckt an einem warmen Ort gehen lassen, bis der Teig deutliche Blasen bildet.

2 Den restlichen Zucker, die restliche Milch sowie 1 TL Salz, Ei und Butter zum Vorteig geben. Zuerst mit den Knethaken eines Handrührgeräts oder einer Küchenmaschine, dann mit den Händen etwa 10 Minuten verkneten. Der Teig sollte sich dann vom Schüsselrand gelöst haben und zurückspringen, wenn man ihn mit dem Finger eindrückt. Abgedeckt an einem warmen Ort etwa 1 Stunde gehen lassen. Dann sollte sich das Volumen des Teiges deutlich vergrößert haben.

3 Nun den Teig nochmals kurz durchkneten und nach Belieben weiterverwenden, beispielsweise als Basis für einen Blechkuchen oder als Zopf. Den Ofen auf 180 °C (Ober-/Unterhitze) vorheizen und den Kuchen etwa 30 Minuten backen.

TIPP

Um dem Hefeteig noch etwas mehr Aroma zu geben, kann man zum Mehl noch gemahlene Vanille oder Zitronenschale geben. Man kann auch Mandellikör mit den restlichen Zutaten hinzugeben – dann einfach entsprechend weniger Milch verwenden.

BISKUITTEIG

FÜR 1 SPRINGFORM (Ø 26 CM) ODER 1 BACKBLECH

- 150 g Mehl (Type 405)
- 50 g Speisestärke
- 1 TL Backpulver
- 5 Eier (Größe M)
- Salz
- 140 g Zucker, plus etwas zum Stürzen
- 1 Pck. Vanillezucker

SO GEHT'S

1 Den Boden einer Springform (Ø 26 cm) mit Backpapier auslegen. Den Ofen auf 180 °C (Ober-/ Unterhitze) vorheizen.

2 Mehl mit Speisestärke und Backpulver mischen. Beiseitestellen.

3 Die Eier trennen. Die Eiweiße mit 1 Prise Salz mit einem Handrührgerät steif schlagen. Die Eigelbe mit dem Zucker und dem Vanillezucker hell und dickcremig aufschlagen. Das Eiweiß zum Eigelb geben und das Mehl darübersieben. Beides vorsichtig unterheben.

4 Den Teig in die vorbereitete Form geben und im heißen Ofen 30–35 Minuten backen. Die Ofentür in dieser Zeit nicht öffnen. Die Oberfläche des Biskuits sollte am Ende der Backzeit kaum noch glänzen.

5 Den Biskuit aus dem Ofen nehmen und etwa 10 Minuten in der Form abkühlen lassen. Nun den Rand vorsichtig lösen. Eventuell zuerst mit einem scharfen Messer am inneren Springformrand entlangfahren. Wenn der Biskuit vollständig ausgekühlt ist, kann er waagerecht in 2 oder 3 Böden geschnitten werden.

6 Auch für einen Blechkuchen ist der Teig geeignet: Das Blech mit Backpapier auslegen. Den Ofen auf 200 °C (Ober-/Unterhitze) vorheizen und den Kuchen 10–12 Minuten backen. Nach dem Backen sofort auf ein mit Zucker bestreutes Geschirrtuch stürzen und das Backpapier vorsichtig abziehen.

TIPP

Wer sich das Trennen der Eier sparen möchte, kann auch die ganzen Eier 10 Minuten schaumig schlagen. Dann das Mehl darübersieben und unterheben. Das Ergebnis ist ähnlich.

MÜRBETEIG

FÜR 1 RUNDE FORM (Ø 23 CM)

- 150 g Mehl (Type 405)
- Salz
- 1 TL Zucker
- 110 g gekühlte Butter

SO GEHT'S

1 Das Mehl mit 1 Prise Salz und Zucker vermengen.

2 Die kalte Butter in kleinen Stückchen zum Mehl geben und einarbeiten.

3 60 ml kaltes Wasser hinzugeben und alles zu einem glatten Teig kneten.

4 Den Teig in Frischhaltefolie wickeln und mindestens 30 Minuten bis zu 2 Tage im Kühlschrank kalt stellen.

RÜHRTEIG

FÜR 1 KASTENFORM (30 CM) ODER 1 BACKBLECH

- 250 g weiche Butter
- 250 g Zucker
- 4 Eier (Größe M), Zimmertemperatur
- 250 g Mehl (Type 405)
- 120 ml Milch
- 1 Pck. Backpulver

SO GEHT'S

1 Die Butter und den Zucker mit einem Handrührgerät so lange verrühren, bis eine hellgelbe Masse entsteht.

2 Die Eier während des Rührvorgangs einzeln hinzugeben und jeweils rühren, bis das Ei eingearbeitet ist.

3 Das Mehl mit dem Backpulver vermengen und abwechselnd mit der Milch zum Teig geben. Alles zu einer gleichmäßigen Masse verrühren.

TIPPS & TRICKS

1 Der Kuchen löst sich gut aus der Form, wenn ihr ihn nach dem Backen 10 Minuten abkühlen lasst und ihn erst dann stürzt.

2 Teige mit Backpulver am besten immer sofort backen. Stehen sie zu lange, verliert der Teig an Backkraft.

3 Auch Biskuitteig sollte immer sofort in den Ofen. Die Luft, die durch das Aufschlagen der Eier bzw. des Eiweißes eingearbeitet wurde, entweicht sonst wieder.

4 Wenn Eiweiß steif werden soll, muss die Schüssel fettfrei sein. Es darf außerdem kein Eigelb mit in die Schüssel kommen, sonst gelingt es nicht. Mit 1 Prise Salz wird der Eischnee fester.

5 Wenn man für einen Kuchenboden Mürbeteig verwendet, sollte man vor dem Backen mit einer Gabel mehrmals in den Teig stechen. Dann können sich keine Blasen bilden.

6 Mürbeteig immer so lange kneten, bis er schön geschmeidig ist. In Frischhaltefolie wickeln und vor der Verarbeitung mindestens 30 Minuten in den Kühlschrank legen! So lässt er sich besser ausrollen und klebt weniger an Händen und Arbeitsmaterial.

7 Der Kuchen geht leichter vom Boden einer Springform, wenn man einfach den Ring der Springform nochmals um den Kuchen legt und ihn auf die Platte schiebt. Dadurch wird vermieden, dass der Kuchen reißt.

8 Wollt ihr eine große Menge Sahne steif schlagen, teilt die Masse auf mindestens 2 Portionen auf. So erspart ihr euch langes Rühren, und die Masse wird durchgängig richtig fest.

9 Wenn in einem Rezept gemahlene Nüsse angegeben sind, am besten die Nüsse immer selbst frisch mahlen, statt sie gemahlen zu kaufen. Dadurch wird der Geschmack um einiges intensiver.

10 Wollt ihr klebrigen Teig formen (z. B. Mürbeteig für Biscotti) oder in eine Form drücken, könnt ihr für eine einfachere Verarbeitung Einweghandschuhe nutzen. So bleiben die Hände sauber und werden nicht klebrig.

11 Wenn ihr euch nicht sicher seid, ob ein Kuchen fertig gebacken ist, macht die Stäbchenprobe: Wenn noch Teig an einem Holzstäbchen haften bleibt, ist der Kuchen noch nicht fertig.

12 Wollt ihr mehrere Kuchen gleichzeitig backen, stellt den Ofen auf Umluft und reduziert die Temperatur um 20 °C. So bekommen alle Kuchen gleichmäßig viel Hitze ab.

13 Damit die Schokolade zum Schluss schön glänzt, muss man sie vorher temperieren. Das geht einfach, wenn man ein wenig Kokosfett oder Öl einrührt.

KÜCHENHELFER

BACKFORMEN

Für die meisten deutschen Klassiker braucht man nicht viel: Eine gute Springform und Backbleche gehören als Grundausstattung in jede Küche. Idealerweise ist ebenfalls ein Kuchengitter, alternativ ein Gitterblech vorhanden. Einige Rezepte verlangen speziellere Formen wie Gugelhupf- oder Obstbodenformen. Wer diese nicht besitzt, kann das Rezept meist auch in einer klassischen Kuchenform backen.

NUDELHOLZ

Sei es Mürbe-, Hefe- oder Plätzchenteig: Das Nudelholz ist des Bäckers bester Freund! Dieses gibt es in verschiedenen Varianten und aus verschiedenen Materialien. Besonders zu empfehlen ist das klassische aus Holz, da es sehr gut zum Teigausrollen geeignet ist.

SPRITZBEUTEL UND TÜLLEN

Wer Spaß daran hat, Kuchen und Torten schön zu garnieren, kommt um Spritzbeutel und Tüllen nicht herum. Sie sind zum Aufsetzen dekorativer Sahnetupfer unentbehrlich, aber auch zum flächigen Auftragen von Schokolade oder Creme ein hilfreiches Utensil. Zur Grundausstattung gehören eine runde Tülle und eine Sterntülle. Verschiedene Größen sollten je nach Gebäck ebenfalls vorhanden sein.

WEITERE KÜCHENHELFER

Da Backen eine genaue Angelegenheit ist, ist der Gebrauch eines Messbechers und einer Waage unerlässlich. Zahnstocher sind wunderbare Helfer zur Beurteilung des Teigs während des Backvorgangs (sog. Stäbchenprobe). Ein Thermometer hilft beim Messen der Temperatur beim Frittieren, und ein Pinsel kann ebenfalls in einigen Situationen hilfreich sein. Keksausstecher in den unterschiedlichsten Variationen kommen bei vielen modernen Kreationen zum Einsatz. Und natürlich sollte man immer genügend Backpapier zur Hand haben.

REZEPTE

STREUSEL-
Kuchen

FÜR 1 BACKBLECH

Für den Hefeteig:
- 500 g Mehl (Type 405)
- abgeriebene Schale von ½ Bio-Zitrone
- 30 g Hefe (¾ Würfel)
- 75 g Zucker
- 250 ml lauwarme Milch
- Salz
- 1 Ei (Größe M)
- 100 g Butter

Für die Streusel
- 300 g Mehl (Type 405)
- 200 g Butter
- 125 g Zucker
- ½ Pck. Vanillezucker

Zum Garnieren
- Äpfel (nach Belieben)
- Puderzucker

Außerdem
- Butter und Mehl für das Backblech

SO GEHT'S

1 Für den Hefeteig das Mehl mit der Zitronenschale in eine Schüssel geben und eine Mulde formen. Die Hefe hineinbröckeln und 1 EL Zucker darübergeben. Etwas Milch über die Hefe gießen und vorsichtig mit einem dünnen Stäbchen verrühren, bis die Hefe sich aufgelöst hat. Den Vorteig zugedeckt an einem warmen Ort etwa 15 Minuten ruhen lassen.

2 Den restlichen Zucker, Milch, 1 gestrichenen TL Salz, Ei und Butter zum Vorteig geben. Mit der Küchenmaschine oder den Händen etwa 10 Minuten kneten, bis der Teig sich vom Schüsselrand löst und zurückspringt, wenn man ihn mit dem Finger eindrückt. Den Teig abgedeckt an einem warmen Ort etwa 1 Stunde gehen lassen, bis er deutlich an Volumen gewonnen hat.

3 Inzwischen für die Streusel alle Zutaten mit den Händen zu einem krümeligen Teig verkneten, dann beiseitestellen. Ein Backblech mit etwas Butter einfetten und mit etwas Mehl bestäuben. Nach Belieben ein paar Äpfel schälen, vierteln, das Kerngehäuse entfernen und in Scheiben schneiden.

4 Den Teig auf einer leicht bemehlten Arbeitsfläche kurz durchkneten, auf die Größe des Backblechs ausrollen und auf das vorbereitete Blech legen. Nach Belieben mit Äpfeln belegen. Die Streusel auf dem Teig verteilen, dann nochmals etwa 30 Minuten gehen lassen. Den Ofen auf 180 °C (Ober-/Unterhitze) vorheizen.

5 Den Streuselkuchen im heißen Ofen 25–35 Minuten backen, bis die Streusel goldgelb sind. Aus dem Ofen nehmen und auskühlen lassen. Vor dem Servieren mit etwas Puderzucker bestäuben.

NUSS-
Kuchen

FÜR 1 KASTENFORM (20 CM)

Für den Teig
- 60 g Mehl (Type 405)
- 60 g Weizenvollkornmehl
- ½ Pck. Backpulver
- Salz
- 120 g Butter
- 80 g Zucker
- 2 Eier (Größe M)
- 80 ml Milch
- 100 g gemahlene Haselnusskerne
- 50 g gemahlene Walnusskerne
- 100 g gehackte Zartbitterschokolade

Für den Guss
- 3 EL Rum (nach Belieben)
- 2 EL Kirschkonfitüre
- 250 g Zartbitterkuvertüre
- gehackte Haselnusskerne

Außerdem
- Butter und Mehl für die Form

SO GEHT'S

1 Die Kastenform mit etwas Butter einfetten und mit etwas Mehl oder Weißbrotbröseln ausstreuen. Beiseitestellen. Den Ofen auf 175 °C (Ober-/Unterhitze) vorheizen.

2 Beide Mehlsorten, Backpulver und 1 Prise Salz vermischen. Die Butter mit einem Handrührgerät kurz schlagen, dann den Zucker nach und nach hinzugeben und schaumig schlagen. Die Eier einzeln unterrühren, dann die Mehlmischung hinzufügen. Milch und Nüsse portionsweise abwechselnd dazugeben und unterrühren. Zum Schluss die gehackte Schokolade unterheben.

3 Den Teig in die vorbereitete Kastenform geben und glattstreichen. Im heißen Ofen 50 Minuten backen und vor dem Herausnehmen die Stäbchenprobe machen.

4 Den Kuchen aus dem Ofen nehmen und in der Form 10 Minuten abkühlen lassen, dann aus der Form stürzen.

5 Den Nusskuchen noch warm mit dem Rum (nach Belieben) bestreichen. Die Konfitüre mit 1 EL Wasser in einem Topf aufkochen und den Kuchen damit bestreichen. Trocknen lassen. Dann die Kuvertüre über einem warmen Wasserbad schmelzen und den Kuchen damit überziehen. Sofort mit den gehackten Nüssen bestreuen, bevor die Kuvertüre fest wird.

ROTWEIN-
Kuchen

FÜR 1 GUGELHUPF

Für den Teig

- 180 g Zartbitterschokolade
- 250 g Mehl (Type 405)
- 1 TL gemahlener Zimt
- 2 EL Kakaopulver (ungesüßt)
- ¼ TL gemahlene Vanille
- 1 Pck. Backpulver
- 250 g weiche Butter
- 175 g Zucker
- 1 Pck. Vanillezucker
- 5 Eier (Größe M)
- 175 ml Rotwein
- 80 g geröstete und gehackte Mandeln
- Salz

Für den Guss

- 200 g Zartbitterkuvertüre
- geröstete und gehackte Mandeln (nach Belieben)

Außerdem

- Gugelhupfform
- Butter und Mehl für die Form

SO GEHT'S

1 Eine Gugelhupfform gut mit etwas Butter einfetten und mit etwas Mehl ausstreuen. Den Ofen auf 175 °C (Ober-/Unterhitze) vorheizen. 100 g Schokolade über einem warmen Wasserbad schmelzen und den Rest grob raspeln.

2 Das Mehl mit Zimt, Kakaopulver, Vanille und Backpulver mischen. Beiseitestellen. Die Butter kurz mit einem Handrührgerät aufschlagen. Zucker und Vanillezucker hinzugeben und die Masse etwa 5 Minuten schaumig schlagen. Die Eier trennen und die Eigelbe nacheinander jeweils 30 Sekunden unterrühren.

3 Die Mehlmischung in kleinen Portionen abwechselnd mit dem Rotwein unter die Eiermasse rühren. Die geschmolzene Schokolade hinzufügen und vermengen. Schokoladenraspel und gehackte Mandeln unterheben. Die Eiweiße mit 1 Prise Salz steif schlagen und vorsichtig unter den Teig ziehen.

4 Den Teig in die vorbereitete Form geben und im heißen Ofen 60–70 Minuten backen. Die Stäbchenprobe machen. Den Kuchen aus dem Ofen nehmen, 10 Minuten in der Form abkühlen lassen und dann stürzen.

5 Die Kuvertüre in der Mikrowelle oder im heißen Wasserbad schmelzen und über den Kuchen gießen. Den Rotweinkuchen nach Belieben mit ein paar gehackten Mandeln verzieren.

KÄSE-
Kuchen

FÜR 1 SPRINGFORM (Ø 26 CM)

Für den Boden
- 250 g Mehl (Type 405)
- 110 g Butter
- 1 Ei (Größe M)
- 40 g Zucker
- 1 Pck. Vanillezucker
- Salz

Für die Füllung
- 750 g Magerquark
- 150 g Zucker
- 1 Pck. Vanillezucker
- 4 Eigelb (Größe M)
- 60 g Vanillepuddingpulver
- 125 ml Rapsöl
- 500 ml Milch

Für die Baiserhaube
- 3 Eiweiß (Größe M)
- 75 g Zucker

Außerdem
- Butter und Mehl für die Form

SO GEHT'S

1 Für den Boden alle Zutaten und 1 Prise Salz in eine Schüssel geben und erst mit den Knethaken eines Handrührgeräts, dann mit den Händen zu einem glatten Mürbeteig kneten. In Frischhaltefolie wickeln und 30 Minuten kühl stellen.

2 Inzwischen den Boden und den Rand der Springform leicht mit etwas Butter einfetten und mit Mehl bestäuben. Den Teig auf einer bemehlten Arbeitsfläche deutlich größer als die Springform ausrollen. Mit dem Rand der Springform den Kuchenboden ausstechen und den Springformboden damit auslegen. Den Rest des Teigs zu einer langen, dünnen Rolle formen, am inneren Springformrand entlanglegen und zu einem etwa 3 cm hohen Rand drücken. Die Springform mit dem Teig kühl stellen.

3 Den Ofen auf 175 °C (Ober-/Unterhitze) vorheizen.

4 Für die Füllung alle Zutaten in eine Schüssel geben und verrühren. Die sehr flüssige Masse auf den Teig geben und den Käsekuchen im heißen Ofen (Mitte) 50 Minuten backen.

5 Für die Baiserhaube kurz vor Ende der Backzeit die Eiweiße mit dem Handrührgerät steif schlagen, dabei den Zucker einrieseln lassen. Den Käsekuchen aus dem Ofen nehmen und die Baisermasse auf dem Kuchen verteilen. Weitere 15 Minuten backen, dann herausnehmen und auskühlen lassen.

MARMOR-
Kuchen

FÜR 1 GUGELHUPF (Ø 22 CM)

Für den Teig
- 350 g Mehl (Type 405)
- 1 Pck. Backpulver
- Salz
- 200 g Zartbitter-schokolade
- 230 g weiche Butter
- 180 g Zucker
- 1 Pck. Vanillezucker
- 5 Eier (Größe M)
- 90 ml Milch
- 3 EL Rum (nach Belieben)
- 2 EL Kakaopulver (ungesüßt)
- 1 EL Milch

Zum Garnieren
- Puderzucker

Außerdem
- Gugelhupfform
- Butter und Mehl für die Form

SO GEHT'S

1 Die Gugelhupfform mit etwas Butter einfetten und mit etwas Mehl ausstreuen. Mehl mit Backpulver und 1 Prise Salz mischen. Beiseitestellen. 100 g Zartbitterschokolade über einem warmen Wasserbad schmelzen, die restliche Schokolade hacken. Ofen auf 180 °C (Ober-/Unterhitze) vorheizen.

2 Für den Teig die weiche Butter mit den Quirlen des Handrührgeräts oder der Küchenmaschine kurz schlagen. Zucker und Vanillezucker nach und nach hinzugeben und schaumig schlagen. Die Eier trennen und die Eigelbe nacheinander je 30 Sekunden unterrühren. Nun abwechselnd die Mehlmischung und die Milch hinzugeben und verrühren. Mit dem Mehl beginnen und enden. Nach Belieben den Rum unterrühren.

3 Etwas weniger als die Hälfte des Teigs abnehmen und die geschmolzene Schokolade, den Kakao und 1 EL Milch unterziehen. Die gehackte Schokolade unterheben. Eiweiße mit 1 Prise Salz steif schlagen. Eine Hälfte unter den hellen Teig, die andere Hälfte unter den dunklen Teig heben. Den hellen Teig in die vorbereitete Form geben und gleichmäßig verteilen. Den dunklen Teig daraufgeben und ebenfalls verteilen. Für die Marmorierung eine Gabel durch den Teig ziehen.

4 Den Marmorkuchen im heißen Ofen 55–65 Minuten backen. Vor dem Herausnehmen die Stäbchenprobe machen. Aus dem Ofen nehmen und in der Form 10 Minuten abkühlen lassen, dann stürzen. Vor dem Servieren mit etwas Puderzucker bestäuben und kühl lagern.

OBST-
Boden

FÜR 1 OBSTBODEN-FORM (Ø 28 CM)

Für den Teig
- 225 g Mehl (Type 405)
- ½ Pck. Backpulver
- 170 g Zucker
- 1 Pck. Vanillezucker
- 2 Eier (Größe M)
- 100 ml Rapsöl
- 100 ml kohlensäurehaltiges Mineralwasser

Für den Belag
- 1 Pck. Vanillepuddingpulver
- 1 EL Zucker
- 1 Pck. Vanillezucker
- 450 ml Milch
- 2 EL Magerquark
- 2 EL Mandelblättchen
- Obst (z. B. 800 g Erdbeeren, nach Belieben)
- Tortenguss (nach Belieben)

Außerdem
- Butter und Mehl für die Form

SO GEHT'S

1 Die Obstbodenform mit etwas Butter einfetten und mit etwas Mehl oder Weißbrotbröseln ausstreuen. Den Backofen auf 180 °C (Ober-/Unterhitze) vorheizen.

2 Für den Teig alle Zutaten in eine Schüssel geben und mit den Schneebesen eines Handrührgeräts kurz verrühren. Teig in die vorbereitete Form geben und glattstreichen. Im heißen Ofen etwa 20 Minuten backen. Die Stäbchenprobe machen, den Obstboden aus dem Ofen nehmen und sofort stürzen. Auskühlen lassen.

3 Für die Cremeschicht das Puddingpulver mit Zucker, Vanillezucker und 7 EL Milch glatt rühren. Die restliche Milch aufkochen und den Pudding nach Packungsanweisung zubereiten. In eine Schüssel geben und den Quark unterrühren. Die Creme etwas abkühlen lassen, dabei hin und wieder umrühren.

4 Inzwischen die Mandelblättchen auf dem Obstboden verteilen. Den noch warmen Pudding daraufgeben, glattstreichen und gleichmäßig verstreichen.

5 Das Obst verlesen, waschen, abtupfen, nach Belieben klein schneiden und auf den Pudding geben. Wenn der Kuchen nicht sofort gegessen wird und länger haltbar sein soll, einen Tortenguss zubereiten und die Früchte damit bedecken.

BISKUIT-
Rolle

FÜR 1 BISKUITROLLE

Für den Biskuit
- 100 g Mehl (Type 405)
- 25 g Speisestärke
- 1 TL Backpulver
- 5 Eier (Größe M)
- 100 g Zucker
- 1 Pck. Vanillezucker
- abgeriebene Schale von ½ Bio-Zitrone
- Salz

Für die Quark-Sahne-Creme
- 4 Blätter Gelatine
- 500 g Magerquark
- 1 EL Zitronensaft
- 50 g Zucker
- 2 Pck. Vanillezucker
- 250 ml Sahne

Zum Garnieren
- 3 gehäufte EL Heidelbeerkonfitüre (ohne Stücke)
- 175 g Heidelbeeren

SO GEHT'S

1 Ein Backblech mit Backpapier auslegen. Den Ofen auf 200 °C (Ober-/Unterhitze) vorheizen. Für den Biskuit das Mehl mit Stärke und Backpulver mischen. Die Eier trennen. Eigelbe mit 90 g Zucker und Vanillezucker hell-cremig aufschlagen, die Zitronenschale unterrühren. Die Eiweiße mit 1 Prise Salz steif schlagen und zum Eigelb geben, die Mehlmischung darübersieben und beides vorsichtig unterheben. Den Teig auf das Backblech geben und im heißen Ofen 10–12 Minuten backen.

2 Ein sauberes Geschirrtuch ausbreiten und mit 10 g Zucker bestreuen. Den Biskuit aus dem Ofen nehmen und sofort auf das Geschirrtuch stürzen. Das Backpapier vorsichtig abziehen. Den Biskuitboden längs mithilfe des unteren Geschirrtuchs aufrollen und auskühlen lassen.

3 Für die Füllung die Gelatine einweichen. Quark mit Zitronensaft, Zucker und Vanillezucker verrühren. Gelatine in einem Topf schmelzen und vom Herd nehmen. Nach und nach 3 EL Quark in die Gelatine rühren. Diese dann zum restlichen Quark geben und gut unterrühren. Die Creme in den Kühlschrank stellen, bis die Masse anfängt zu gelieren. Dann die Sahne steif schlagen und unter die Quarkmasse heben.

4 2 EL Konfitüre glatt rühren. Den abgekühlten Biskuitboden abrollen und dünn mit der Konfitüre bestreichen. Etwas mehr als die Hälfte der Creme darauf verteilen, mit ¾ der verlesenen Heidelbeeren belegen. Den Boden vorsichtig aufrollen und auf die Naht setzen. Restliche Creme in einen Spritzbeutel mit mittelgroßer Lochtülle geben und auf der Biskuitrolle verteilen. Mindestens 3 Stunden kühl stellen. Mit 1 EL Konfitüre und den restlichen Heidelbeeren dekorieren.

GEDECKTER *Apfelkuchen*

FÜR 1 SPRINGFORM (Ø 26 CM)

Für den Mürbeteig

- 450 g Mehl (Type 405)
- 1 TL Backpulver
- 210 g kalte Butter
- 100 g Zucker
- 1 Pck. Vanillezucker
- 2 Eier (Größe M)
- Salz

Für die Füllung

- 75 g Rosinen
- 3 EL Rum (alternativ Apfelsaft)
- 100 g gehackte Mandeln
- 1,3 kg Äpfel
- 4 EL Zitronensaft
- 375 ml Apfelsaft
- 1 ½ Pck. Vanillepuddingpulver
- 60 g Zucker
- 1 ½ EL Weißbrotbrösel

Für den Guss

- 125 g Puderzucker
- 3 EL Zitronensaft

SO GEHT'S

1 Für die Füllung die Rosinen mit Rum (oder Apfelsaft) begießen. Die Mandeln in einer Pfanne ohne fett rösten. Die Springform mit etwas Butter einfetten und mit etwas Mehl bestäuben.

2 Für den Mürbeteig alle Zutaten mit 1 Prise Salz zu einem glatten Teig verkneten. Ein Drittel des Teigs in Frischhaltefolie wickeln und kühl stellen. Den restlichen Teig auf einer leicht bemehlten Arbeitsfläche etwas größer als die Springform ausrollen. Mit dem Rand der Springform den Kuchenboden ausstechen und den Boden in die Springform legen. Den restlichen Teig zu einem etwa 3 cm hohen Rand hochziehen und festdrücken. Kühl stellen.

3 Für die Füllung die Äpfel schälen, vierteln, entkernen und in kleine Stücke schneiden. Mit Zitronensaft, Mandeln und den Rosinen (samt Flüssigkeit) mischen. Den Apfelsaft in einem Topf aufkochen. Puddingpulver mit Zucker und 75 ml Wasser anrühren. Wenn der Apfelsaft kocht, den Topf vom Herd nehmen und das Puddingpulver einrühren. Nochmals unter Rühren aufkochen lassen, dann über die Äpfel gießen und gut vermischen.

4 Den Ofen auf 200 °C (Ober-/Unterhitze) vorheizen. Den Teigboden mit einer Gabel mehrfach einstechen. Weißbrotbrösel darüberstreuen und die Äpfel darauf verteilen. Den restlichen Teig etwas größer als die Springform ausrollen. Auf die Füllung legen, dabei am Rand andrücken und mehrmals einstechen.

5 Den Kuchen im heißen Ofen 60 Minuten backen. Herausnehmen, abkühlen lassen und aus der Form lösen. Für den Guss den Puderzucker mit Zitronensaft verrühren. Den Guss auf dem Kuchen verteilen und trocknen lassen.

HIMMELS-
Torte

FÜR 1 KUCHEN (Ø 26 CM)

Für den Rührteig
- 150 g Mehl (Type 405)
- 1 TL Backpulver
- 125 g weiche Butter
- 80 g Zucker
- 4 Eigelb (Größe M)
- 100 g Mandelblättchen

Für das Baiser
- 4 Eiweiß (Größe M)
- 150 g Zucker

Für die Füllung
- 350 g Johannisbeeren
- 1 Pck. Vanillezucker
- 1 Pck. Sahnesteif
- 500 ml Sahne

Zum Garnieren
- Puderzucker (nach Belieben)

Außerdem
- 2 Springformen (Ø 26 cm)

SO GEHT'S

1 Die Böden der zwei Springformen mit Backpapier auslegen. Das geht besonders gut, wenn man das Papier unter dem Rand einklemmt. Den Ofen auf 180 °C (Ober-/Unterhitze) vorheizen.

2 Für den Rührteig Mehl und Backpulver mischen und beiseitestellen. Butter und Zucker schaumig schlagen, die Eigelbe nacheinander unterrühren – jedes Eigelb etwa 30 Sekunden. Die Mehlmischung unterheben. Den Teig auf die beiden vorbereiteten Springformen verteilen und gleichmäßig verstreichen.

3 Für das Baiser die Eiweiße mit dem Zucker steif schlagen. Die Baisermasse gleichmäßig auf den beiden Rührteigen verteilen und mit jeweils der Hälfte der Mandelblättchen bestreuen. Im heißen Ofen nacheinander 25–30 Minuten backen. Herausnehmen und etwas abkühlen lassen. Die Ränder der Springformen von den Böden lösen und diese vollständig auskühlen lassen. Einen der Böden in 12 Kuchenstücke schneiden.

4 Für die Füllung die Johannisbeeren verlesen, waschen, trocknen und die Stiele entfernen. Vanillezucker und Sahnesteif mischen. Die Sahne mit einem Handrührgerät steif schlagen und dabei die Zucker-Mischung einrieseln lassen.

5 Den nicht geschnittenen Boden auf eine Tortenplatte setzen. Eine dünne Schicht Sahne daraufgeben. Mit Johannisbeeren bedecken und die restliche Sahne darauf verteilen. Dann die Tortenstücke daraufsetzen.

6 Die Himmelstorte vor dem Servieren nach Belieben mit etwas Puderzucker bestreuen. Kühl aufbewahren.

VERSUNKENER
Obstkuchen

FÜR 1 SPRINGFORM (Ø 26 CM)

Für den Rührteig
- 500 g rote Pflaumen
- 50 g kandierter Ingwer
- 125 g weiche Butter
- 100 g Rohrohrzucker
- Salz
- 4 Eier (Größe M)
- 225 g Dinkelvollkornmehl
- 2 TL Backpulver
- 2 EL Milch

Zum Garnieren
- Puderzucker (nach Belieben)

Außerdem
- Butter für die Form

SO GEHT'S

1 Eine Springform mit etwas Butter einfetten oder mit Backpapier auslegen. Den Ofen auf 180 °C (Ober-/Unterhitze) vorheizen.

2 Die Pflaumen waschen, halbieren und entsteinen. Den kandierten Ingwer in feine Stücke schneiden.

3 Butter, Rohrohrzucker, 1 Prise Salz und die Ingwerstücke in eine Schüssel geben und cremig rühren. Die Eier einzeln unterrühren.

4 Das Mehl mit Backpulver mischen, über die cremige Masse sieben und zusammen mit der Milch unterheben. Den Teig in die vorbereitete Springform geben und glattstreichen.

5 Die Pflaumen kreisförmig darauf verteilen und den Kuchen im heißen Ofen (Mitte) 50–55 Minuten backen.

6 Nach dem Backen auf einem Kuchenrost auskühlen lassen und vor dem Servieren nach Belieben mit Puderzucker bestäuben.

HIMBEER-
Franzbrötchen

FÜR 12–14 STÜCK

Für den Hefeteig

- 1 Würfel Hefe (42 g)
- 200 ml lauwarmer Kokosdrink
- 450 g Dinkelmehl (Type 630), plus etwas mehr für die Arbeitsfläche
- 50 g Rohrohrzucker
- Salz
- 50 g weiche Butter
- 1 Eigelb (Größe M)

Für die Füllung

- 125 g Himbeeren
- 90 g Rohrohrzucker
- Mark von 1 Vanilleschote
- 140 g weiche Butter
- 2 EL gemahlener Zimt

SO GEHT'S

1 Die Hefe in den lauwarmen Kokosdrink bröckeln und darin auflösen. In einer Schüssel Mehl, Zucker und 1 Prise Salz vermischen. Die Hefemilch sowie Butter und Eigelb hinzugeben und alles zu einem geschmeidigen Teig verarbeiten. Mit einem Küchentuch abdecken und an einem warmen Ort 45 Minuten gehen lassen.

2 Den Teig nochmals kräftig durchkneten und weitere 25 Minuten gehen lassen. Die Arbeitsfläche mit Mehl bestäuben und den Teig etwa 1 cm dick zu einem großen Rechteck ausrollen.

3 Den Ofen auf 180 °C (Ober-/Unterhitze) vorheizen und ein Backblech mit Backpapier auslegen. Die Himbeeren verlesen, waschen und auf einem Küchentuch trocknen lassen.

4 Für die Füllung Zucker und Vanillemark mischen. Nun 75 g von dem Vanillezucker mit 125 g Butter und 1 ½ EL Zimt cremig rühren. Die Mischung auf dem Teig verstreichen, mit den Himbeeren belegen und den Teig von der Längsseite her fest aufrollen.

5 Die Teigrolle mit einem Messer in 12–14 Stücke schneiden. Nun den Stiel eines Kochlöffels mittig in die Rollen drücken (dadurch erhält das Gebäck seine typische Form). Die Franzbrötchen auf ein Backblech setzen, mit einem Küchentuch abdecken und 20 Minuten gehen lassen.

6 Die restliche Butter zerlassen und den verbliebenen Vanillezucker mit dem restlichen Zimt mischen. Die Brötchen mit der Butter bestreichen und mit der Zucker-Zimt-Mischung bestreuen. Im heißen Ofen (Mitte) 20–25 Minuten goldbraun backen. Nach dem Backen kurz abkühlen lassen.

DONAU-
Welle

FÜR 1 BACKBLECH

Für den Belag
- 2 Pck. Vanillepudding-pulver
- 4–6 EL Zucker (je nach gewünschter Süße)
- 1 l Milch
- 2 große Gläser Sauer-kirschen (à 350 g Abtropf-gewicht)
- 1 ½ Pck. Butterkekse
- 500 g Zartbitterkuvertüre

Für den Teig
- 350 g Mehl (Type 405)
- ½ Pck. Backpulver
- 250 g weiche Butter
- 200 g Zucker
- 1 Pck. Vanillezucker
- 6 Eier (Größe M)
- 2 EL Kakaopulver (ungesüßt)
- 3 EL Milch

Außerdem
- Butter für das Backblech

SO GEHT'S

1 Für den Belag das Vanillepuddingpulver mit Zucker und 200 ml Milch verrühren. Die restliche Milch in einem Topf aufkochen und den Pudding nach Packungsanleitung zubereiten. In eine Schüssel geben, mit Frischhaltefolie abdecken und vollständig auskühlen lassen.

2 Ein Backblech mit etwas Butter einfetten. Den Ofen auf 200 °C (Ober-/Unterhitze) vorheizen. Die Kirschen abtropfen lassen.

3 Für den Teig das Mehl mit Backpulver mischen und beiseitestellen. Die weiche Butter kurz mit einem Handrührgerät schlagen, dann Zucker und Vanillezucker hinzugeben und schaumig schlagen. Die Eier einzeln hinzugeben und jeweils etwa 30 Sekunden unterrühren. Die Mehlmischung zugeben und alles nur kurz vermischen, bis gerade so eben ein glatter Teig entsteht.

4 Die Hälfte des Teigs auf das Backblech geben und verteilen. In die zweite Hälfte Kakao und Milch geben und unterrühren. Auf dem hellen Teig verstreichen und mit einer Gabel leicht marmorieren. Kirschen ebenfalls auf dem Teig verteilen. Im heißen Ofen 30–40 Minuten backen. Vor dem Herausnehmen die Stäbchenprobe machen. Den Kuchen aus dem Ofen nehmen. Abkühlen lassen.

5 Den Vanillepudding auf dem ausgekühlten Kuchen verteilen und mit den Butterkeksen belegen. Die Kuvertüre über einem warmen Wasserbad schmelzen, den Kuchen damit bedecken und fest werden lassen.

6 Beim Schneiden des Kuchens das Messer immer wieder in heißes Wasser tauchen, damit die Schokolade nicht zerbricht.

BIENEN-
Stich

FÜR 1 SPRINGFORM (Ø 26 CM)

Für den Biskuit
- 5 Eier (Größe M)
- 125 g Zucker
- 150 g Mehl (Type 405)
- 1 TL Backpulver
- 100 g Mandelblättchen

Für die Füllung
- 600 ml Sahne
- 1 ½ Pck. Paradiescreme™ Vanille

Zum Garnieren
- Puderzucker

SO GEHT'S

1 Den Boden der Springform mit Backpapier auslegen. Den Ofen auf 175 °C (Ober-/Unterhitze) vorheizen.

2 Eier und Zucker mit den Quirlen eines Handrührgeräts oder der Küchenmaschine 15 Minuten hell und dickcremig aufschlagen. Das Mehl mit Backpulver mischen, auf die Eiermischung sieben und vorsichtig unterheben.

3 Den Teig in die vorbereitete Form geben und mit den Mandelblättchen bestreuen. Im heißen Ofen etwa 35 Minuten backen.

4 Den Biskuit aus dem Ofen nehmen, erkalten lassen, aus der Form lösen und waagerecht halbieren. Den oberen Boden vorsichtig in 12 Tortenstücke schneiden.

5 Die Sahne mit einem Handrührgerät schlagen, aber nicht zu steif werden lassen. Das Paradiescreme-Pulver unterrühren und den ungeschnittenen Biskuitboden mit der Creme bestreichen. Die Tortenstücke auf die Creme setzen und vor dem Servieren mit etwas Puderzucker bestäuben.

BOUTIQUE DE FLEURS
Madeleine
RUE D'ALESIA PARIS

MAULWURF-
Torte

FÜR 1 SPRINGFORM (Ø 26 CM)

Für den Teig

- 150 g gemahlene Nüsse (z. B. Mandeln und Haselnusskerne)
- 70 g Mehl (Type 405)
- 25 g Kakaopulver (ungesüßt)
- 2 TL Backpulver
- 100 g Schokoraspel
- 4 Eier (Größe M)
- 120 g Butter
- 100 g Zucker
- 1 Pck. Vanillezucker
- 2 EL Rum (nach Belieben)

Für die Füllung

- 250 g Magerquark
- 80 g Puderzucker
- 400 ml Sahne
- 1½ Pck. Sahnesteif
- 100 g Schokoraspel
- 3 Bananen

SO GEHT'S

1 Den Boden der Springform mit Backpapier auslegen. Den Ofen auf 180 °C (Ober-/Unterhitze) vorheizen.

2 Für den Boden die gemahlenen Nüsse mit Mehl, Kakaopulver, Backpulver und Schokoraspeln mischen. Die Eier trennen.

3 Die Butter mit den Quirlen eines Handrührgeräts oder der Küchenmaschine kurz schlagen. Zucker und Vanillezucker nach und nach hinzugeben und etwa 3–4 Minuten hell-cremig aufschlagen. Die Eigelbe einzeln hinzugeben und unterrühren. Die Mehlmischung und nach Belieben den Rum hinzugeben und kurz verrühren, bis alles gerade eben vermischt ist.

4 Den Teig in die vorbereitete Form geben und im heißen Ofen etwa 30 Minuten backen. Eine Stäbchenprobe machen. Aus dem Ofen nehmen und in der Form abkühlen lassen. Dann den Rand der Form entfernen, das Backpapier abziehen und vollständig auskühlen lassen.

5 Inzwischen für die Füllung Quark mit Puderzucker mischen. Sahne mit Sahnesteif steif schlagen und unter den Quark ziehen. Die Schokoraspel unterheben. Kühl stellen.

6 Nun mit einem Löffel eine Schicht des Teigbodens abheben. Am Rand dabei etwa 1 cm stehen lassen. Den abgeschabten Teig in eine Schüssel geben und fein zerbröseln. Die Bananen schälen, längs halbieren und auf dem ausgehöhlten Kuchenboden verteilen, sodass alles bedeckt ist. Die Quark-Sahne-Creme kuppelförmig auf die Bananen streichen. Zum Schluss die Kuchenbrösel auf der Creme verteilen und leicht andrücken. Vor dem Servieren mindestens 1 Stunde kühl stellen.

SCHWARZWÄLDER *Kirschtorte*

FÜR 1 SPRINGFORM (Ø 26 CM)

Für den hellen Biskuit

- 5 Eier (Größe M)
- 180 g Zucker
- 120 g Mehl (Type 405)
- 120 g Speisestärke
- 2 TL Backpulver

Für den dunklen Biskuit

- siehe heller Biskuit plus 2 EL Kakaopulver (ungesüßt)

Für die Füllung

- 5 EL Rum
- 1 großes Glas Sauerkirschen (Abtropfgewicht 420 g)
- 1 Pck. roter Tortenguss
- 800 ml Sahne
- 2 Pck. Sahnesteif
- 2 Pck. Vanillezucker

Zum Garnieren

- frische Kirschen
- Schokoraspel (Zartbitter)

SO GEHT'S

1 Den Boden der Springform mit Backpapier auslegen. Den Ofen auf 175 °C (Ober-/Unterhitze) vorheizen.

2 Den hellen Biskuitboden nach der Zubereitung von S. 7 herstellen. Aus dem Ofen nehmen und den Biskuit mit einem Messer vorsichtig vom Springformrand lösen. Auskühlen lassen und waagerecht in zwei gleich hohe Teile schneiden. Einen Boden für die Torte bereitstellen, den zweiten anderweitig verwenden (z. B. für die Granatsplitter auf S. 62).

3 Für den dunklen Biskuitboden genauso verfahren, jedoch je 1 EL Speisestärke und Mehl weniger nehmen, stattdessen 2 EL Kakao untermischen. Hier werden beide Böden verwendet.

4 Den hellen und einen dunklen Boden mit Rum bestreichen. Für die Füllung die Kirschen abtropfen lassen. Den Saft auffangen, 125 ml abmessen und mit Wasser auf 250 ml auffüllen. In einen Topf geben, den Tortenguss einrühren und aufkochen. Die Kirschen unterheben. Die Masse auf dem dunklen Biskuitboden verteilen und auskühlen lassen.

5 Die Sahne in zwei Portionen mit je 1 Päckchen Sahnesteif und Vanillezucker steif schlagen. Eine dünne Schicht auf den Kirschen verteilen. Den hellen Boden darauflegen, mit einer dickeren Schicht Sahne bestreichen und mit dem letzten Boden abdecken. Diesen ebenfalls mit Sahne bestreichen. Restliche Sahne mithilfe eines Spritzbeutels in Tupfen auf die Oberfläche setzen. Mit frischen Kirschen und Schokoraspeln dekorieren. Vor dem Servieren kalt stellen.

CHRIST-
Stollen

FÜR 1 STOLLEN

Für die Füllung
- 150 g getrocknete, gehackte Datteln
- 75 g getrocknete, gehackte Feigen
- 50 g gehackte Mandeln
- 50 g gehackte Haselnusskerne
- 50 g Rosinen
- 7 EL Mandellikör

Für den Hefeteig
- 500 g Mehl (Type 405), plus etwas mehr für die Arbeitsfläche
- 5 g Stollengewürz
- Salz
- 150 ml lauwarme Milch
- 50 g Zucker
- 1 Würfel Hefe (42 g)
- 150 g weiche Butter

Zum Garnieren
- 50 g Butter
- 80 g Puderzucker

SO GEHT'S

1 Für die Füllung Datteln, Feigen, Mandeln und Haselnüsse mit Rosinen, Mandellikör und 5 EL Wasser mischen und über Nacht ziehen lassen. In einem Sieb gut abtropfen lassen.

2 Für den Teig das Mehl mit Stollengewürz und ½ TL Salz würzen. Mit Mehl, etwas Milch, Zucker und Hefe einen Vorteig ansetzen und abgedeckt an einem warmen Ort etwa 15 Minuten gehen lassen. Dann die restlichen Zutaten zum Vorteig geben, etwa 8 Minuten zu einem glatten und geschmeidigen Hefeteig verkneten und 1 Stunde gehen lassen.

3 Den Hefeteig erneut durchkneten. Die Füllung hinzugeben und einarbeiten. Den Teig erneut etwa 1 Stunde gehen lassen, bis er wieder deutlich an Volumen gewonnen hat.

4 Inzwischen ein Backblech mit Backpapier auslegen. Den Ofen auf 175 °C (Ober-/Unterhitze) vorheizen.

5 Den Teig auf einer leicht bemehlten Arbeitsfläche zu einem Laib formen. Mit einem Nudelholz längs mittig eine Mulde in den Teig drücken. Nun die eine Teighälfte längs so über die andere schlagen, dass diese nicht ganz bedeckt ist. Zwischen dem dickeren Teigende auf der einen Seite und dem dünneren Ende mit der Hand eine Mulde eindrücken, sodass die typische Stollenform entsteht. Den Stollen auf das vorbereitete Backblech legen und im heißen Ofen etwa 50 Minuten backen.

6 Den Stollen aus dem Ofen nehmen und mit 50 g zerlassener Butter bestreichen. Mit der Hälfte des Puderzuckers bestäuben. Auskühlen lassen und mit dem restlichen Puderzucker bedecken.

FRANKFURTER

Kranz

FÜR 1 KLEINE KRANZFORM

Für die Buttercreme
- 1 Pck. Vanillepuddingpulver
- 500 ml Milch
- 1 Pck. Vanillezucker
- 1 Eigelb (Größe M)
- 250 g weiche Butter
- Salz

Für den Rührteig
- 250 g Mehl (Type 405)
- 70 g Speisestärke
- 1 Pck. Backpulver
- Salz
- 150 g weiche Butter
- 200 g Zucker
- 5 Eier (Größe M)

Zum Garnieren
- 1 EL Himbeerkonfitüre
- 125 g Mandelkrokant
- 12 Himbeeren

Außerdem
- Butter und Mehl für die Form

SO GEHT'S

1 Eine Kranzform mit etwas Butter einfetten und etwas mit Mehl bestäuben. Den Ofen auf 190 °C (Ober-/Unterhitze) vorheizen.

2 Puddingpulver mit 125 ml Milch, Vanillezucker und Eigelb glattrühren. Die restliche Milch aufkochen und den Pudding nach Packungsanweisung zubereiten. Sofort in eine Schüssel geben und mit Frischhaltefolie bedecken. Vollständig auskühlen lassen.

3 Inzwischen für den Rührteig Mehl, Speisestärke, Backpulver und 1 Prise Salz mischen. Butter und Zucker mit den Quirlen eines Handrührgeräts schaumig schlagen. Die Eier einzeln je etwa 30 Sekunden unterrühren. Dann die Mehlmischung unterheben.

4 Den Teig in die Form geben und 35–45 Minuten backen. Herausnehmen, 10 Minuten in der Form abkühlen lassen, dann stürzen. Auskühlen lassen. Dann zweimal waagerecht durchschneiden.

5 Für die Buttercreme Butter mit 1 Prise Salz etwa 5 Minuten schaumig schlagen. Danach den Pudding esslöffelweise unter die Butter rühren.

6 Auf dem unteren Boden Konfitüre verstreichen. Mit etwas Buttercreme bedecken. Den zweiten Boden daraufsetzen und ebenfalls mit Buttercreme bestreichen. Mit dem dritten Boden abdecken und den Kranz rundherum mit Buttercreme bestreichen, dabei etwas Buttercreme zurückbehalten.

7 Den Kranz außen mit Krokantstreuseln bestreuen. Die restliche Creme in einen Spritzbeutel geben und 12 Tupfen auf den Kranz spritzen, die jeweils mit einer Himbeere besetzt werden. Im Kühlschrank etwa 1 Stunde fest werden lassen.

KRAPFEN

mit Konfitüre

FÜR 20 STÜCK

Für den Teig

- 1 Würfel Hefe (42 g)
- 100 ml lauwarme Milch
- 500 g Mehl (Type 405)
- 2 Eier (Größe M)
- 2 Eigelb (Größe M)
- 50 g Zucker
- Mark von 1 Vanilleschote
- 50 g weiche Butter
- 1–2 l Frittierfett

Zum Garnieren

- Zucker oder Puderzucker

Zum Füllen

- Konfitüre (nach Belieben)

Außerdem

- Fritteuse
- Spritztüte

SO GEHT'S

1 Die Hefe in die Milch bröckeln und rühren, bis die Hefe sich vollständig gelöst hat. 150 g Mehl hinzufügen und mit einem Kochlöffel zu einem Vorteig verrühren. Zugedeckt etwa 20 Minuten gehen lassen, bis sich deutlich Blasen gebildet haben.

2 Eier, Eigelbe und Zucker mit einem Handrührgerät schaumig schlagen. Das restliche Mehl darübersieben. Den Vorteig hinzugeben und mit Vanillemark und Butter zu einem glatten Teig kneten. Zugedeckt etwa 30 Minuten gehen lassen.

3 Inzwischen zwei Backbleche mit Backpapier auslegen. Aus dem Teig kleine Kugeln formen und diese mit etwas Abstand auf die Bleche setzen. Mit einem sauberen Küchentuch abdecken und nochmals zum doppelten Volumen aufgehen lassen.

4 Das Frittierfett auf etwa 170 °C erhitzen, am besten in einer Fritteuse. Die Teigkugeln portionsweise hineingeben und etwa 3 Minuten mit geschlossenem Deckel frittieren. Dann wenden und nochmals 3 Minuten zugedeckt ausbacken.

5 Die Krapfen herausheben, kurz auf Küchenpapier abtropfen lassen und in Zucker wälzen oder mit Puderzucker bestäuben. Mit einem dünnen Stab ein Loch bis etwa in die Mitte des Krapfens stechen, die gegenüberliegende Seite dabei nicht durchstechen. Mithilfe einer Spritztüte mit Konfitüre nach Belieben füllen.

AMERIKANER
Black & White

FÜR 10 STÜCK

Für den Teig

- 100 g weiche Butter
- 75 g Zucker
- 1 Pck. Vanillezucker
- Salz
- 2 Eier (Größe M)
- 250 g Mehl (Type 405)
- 1 Pck. Vanille-puddingpulver
- 1½ TL Backpulver
- 5 EL Milch
- abgeriebene Schale von 1 Bio-Zitrone

Für die Glasur

- 150 g Puderzucker
- 200 g Zartbitterkuvertüre
- geröstete, gehackte Mandeln
- gehackte Pistazienkerne

SO GEHT'S

1 Den Backofen auf 190 °C (Ober-/Unterhitze) vorheizen und zwei Backbleche mit Backpapier auslegen.

2 Butter, Zucker, Vanillezucker und 1 Prise Salz mit den Quirlen eines Handrührgeräts oder der Küchenmaschine cremig schlagen. Die Eier nacheinander jeweils etwa 30 Sekunden unterrühren.

3 Mehl, Puddingpulver und Backpulver mischen und unter den Teig rühren. Milch und Zitronenschale hinzufügen und alles zu einem glatten Teig verarbeiten.

4 Den Teig mit einer Spritztülle oder zwei Esslöffeln in kleinen Portionen auf die vorbereiteten Backbleche setzen. Auf genügend Abstand achten, da der Teig aufgeht. Wenn nötig, mit einem feuchten Löffel rund formen.

5 Die Amerikaner nacheinander 20 Minuten backen. Eine Stäbchenprobe machen. Sie sollten nicht zu lange im Ofen bleiben, da sie sonst schnell trocken werden. Aus dem Ofen nehmen und auf einem Kuchengitter auskühlen lassen.

6 Für den Zuckerguss Puderzucker mit wenig Wasser zu einem zähflüssigen Guss rühren. Die Zartbitterkuvertüre im heißen Wasserbad schmelzen. Beide Glasuren nach Belieben auf die Amerikaner streichen, mit Mandeln und Pistazien bestreuen und trocknen lassen.

MARTINS-
Brezeln

FÜR 7 STÜCK

Für den Teig

- 350 g Mehl (Type 405)
- ½ Würfel Hefe (21 g)
- 40 g Zucker
- 125 ml lauwarme Milch
- 50 g Butter
- 1 Pck. Vanillezucker
- abgeriebene Schale von ½ Bio-Orange
- ½ TL gemahlene Vanille
- 1 Ei (Größe M)
- 80 g saure Sahne
- Salz

Zum Bestreichen

- 1 Eigelb (Größe M)
- Milch
- Hagelzucker

SO GEHT'S

1 Für den Hefeteig das Mehl in eine Schüssel geben und eine Mulde formen. Die Hefe hineinbröckeln und mit etwas Zucker bestreuen. Ein wenig lauwarme Milch darübergießen und mit einem Stäbchen zu einem Vorteig verrühren, bis die Hefe sich gelöst hat. Abgedeckt 15 Minuten gehen lassen.

2 Die Butter in einem Topf zerlassen und mit den restlichen Zutaten und 1 Prise Salz zum Vorteig geben. Mit den Knethaken eines Handrührgeräts oder der Küchenmaschine etwa 10 Minuten zu einem geschmeidigen Hefeteig verkneten. Abgedeckt an einem warmen Ort ungefähr 30 Minuten gehen lassen.

3 Inzwischen ein Backblech mit Backpapier auslegen und den Ofen auf 200 °C (Ober-/Unterhitze) vorheizen.

4 Den Hefeteig noch mal kurz durchkneten und in 7 gleich große Stücke teilen. Jedes Stück zuerst zu einer gleichmäßigen Kugel formen, dann zu einem dünnen, etwa 55 cm langen Strang rollen.

5 Diesen Strang in Form eines umgedrehten U hinlegen. Die beiden Enden zweimal miteinander verdrehen und dann nach oben auf den Teigstrang legen, sodass die Form einer Brezel entsteht. Die Brezel drehen, sodass die Naht nach unten zeigt, und auf das Blech legen. Mit den restlichen Stücken ebenso verfahren.

6 Die Brezeln abgedeckt noch einmal 30 Minuten gehen lassen. Das Eigelb mit etwas Milch verquirlen und die Brezeln damit bestreichen. Mit Hagelzucker bestreuen.

7 Im heißen Ofen etwa 10–12 Minuten goldbraun backen. Herausnehmen und abkühlen lassen.

NUSS-
Ecken

FÜR 1 BACKBLECH

Für den Mürbeteig
- 300 g Mehl (Type 405)
- 1 TL Backpulver
- 90 g Zucker
- 2 Pck. Vanillezucker
- 2 Eier (Größe M)
- 130 g Butter
- Salz

Für die Füllung
- 3 gehäufte EL Himbeerkonfitüre
- 200 g Butter
- 150 g Zucker
- 2 Pck. Vanillezucker
- 400 g gemahlene Haselnusskerne

Zum Garnieren
- 500 g Kuvertüre

Außerdem
- Butter und Mehl für das Backblech und die Arbeitsfläche

SO GEHT'S

1 Ein Backblech mit etwas Butter einfetten und mit etwas Mehl bestäuben.

2 Für den Mürbeteig alle Zutaten mit 1 Prise Salz in eine Schüssel geben und erst mit den Knethaken eines Handrührgeräts, dann mit den Händen zügig zu einem geschmeidigen Teig verkneten. Den Teig auf einer leicht bemehlten Arbeitsfläche auf Backblechgröße ausrollen. Auf das Blech legen und etwa 30 Minuten kühl stellen.

3 Den Boden mit der Gabel mehrfach einstechen und die Konfitüre darauf verteilen und glattstreichen. Den Ofen auf 180 °C (Ober-/Unterhitze) vorheizen.

4 Butter, Zucker, Vanillezucker und 5 EL Wasser in einen Topf geben und unter Rühren aufkochen, bis der Zucker sich gelöst hat. Vom Herd nehmen und die Haselnüsse einrühren. Auf dem Mürbeteigboden verteilen.

5 Die Nussecken im heißen Ofen (Mitte) 20–25 Minuten backen. Das Backblech aus dem Ofen nehmen und sofort in Dreiecke schneiden. Auskühlen lassen.

6 Die Kuvertüre über dem warmen Wasserbad oder in der Mikrowelle schmelzen. Die beiden spitzen Ecken der Nussecken hineintunken und die Nussecken auf Backpapier trocknen lassen.

GRANAT-
Splitter

FÜR 20 STÜCK

Für den Mürbeteig
- 100 g Mehl (Type 405)
- 40 g Butter | 30 g Zucker
- ¾ TL Backpulver
- Mark von 1 Vanilleschote
- 3–4 Tropfen Rum-Aroma
- 2 EL Milch

Für die Buttercreme
- 100 g Zartbitterschokolade
- 1 Pck. Schokoladenpuddingpulver
- 500 ml Milch
- 40 g Zucker
- 200 g weiche Butter
- 2 EL Rum
- 2 EL Kakaopulver
- 150 g zerbröselte Kuchenreste (z. B. Biskuit)
- 100 g gehackte Mandeln

Zum Garnieren
- 500 g Zartbitterkuvertüre

Außerdem
- Ausstecher (Ø 5,5 cm)

SO GEHT'S

1 Ein Backblech mit Backpapier auslegen. Den Ofen auf 180 °C (Ober-/Unterhitze) vorheizen. Für den Mürbeteig alle Zutaten in eine Schüssel geben und zu einem geschmeidigen Mürbeteig verkneten. Den Teig auf der bemehlten Arbeitsfläche dünn ausrollen. Kreise ausstechen und auf dem Backblech verteilen. Im heißen Ofen etwa 12 Minuten backen. Herausnehmen und auskühlen lassen.

2 Inzwischen den Schokoladenpudding zubereiten: Die Zartbitter schokolade über dem warmen Wasserbad schmelzen. Das Puddingpulver mit 8 EL Milch und Zucker glattrühren. Die restliche Milch zum Kochen bringen und den Pudding nach Packungsanweisung zubereiten. Die geschmolzene Schokolade unterrühren. Den Pudding in eine Schüssel geben und die Oberfläche mit Frischhaltefolie bedecken. Komplett auskühlen lassen.

3 Die Butter schaumig schlagen. Den Pudding löffelweise zur Butter geben und gut einarbeiten. Rum und Kakao unterrühren. Die Kuchenreste mit 80 g Mandeln unter die Creme heben. Etwa 30 Minuten kühl stellen.

4 Die Buttercreme in einen Spritzbeutel mit etwas größerer Lochtülle geben und auf jeden Mürbeteigboden spitz zulaufend Creme spritzen. Erneut etwa 30 Minuten kühl stellen.

5 Inzwischen die Kuvertüre im Wasserbad oder der Mikrowelle schmelzen. Eine kleine Schüssel bereitstellen. Jeweils einen Granatsplitter auf eine Gabel setzen und mit der Kuvertüre übergießen. Mit den restlichen Mandeln verzieren und trocknen lassen. Kühl lagern.

IMPRESSUM

Bibliografische Information der Deutschen Bibliothek.

Die Deutsche Bibliothek verzeichnet diese Publikation in der Deutschen Nationalbibliografie.

Detaillierte bibliografische Daten sind im Internet über http://www.dnb.de/ abrufbar.

EIN BUCH DER EDITION MICHAEL FISCHER

1. Auflage 2020

Reihengestaltung: Yvonne Witzan

Projektleitung: Lena Buch

Satz: Sonja Bauernfeind

Bilder: Sabrina Sue Daniels (S. 37, 39), Tamara Staab & Sarah Plavic (alle weiteren)

Rezepte: Sabrina Sue Daniels (S. 36, 38), Tamara Staab & Sarah Plavic (alle weiteren)

Texte und Grundlagenteil: Tamara Staab & Sarah Plavic: S. 6–11

ISBN: 978-3-7459-0134-4

Gedruckt bei Polygraf Print, Čapajevova 44, 08001 Prešov, Slowakei

www.emf-verlag.de